INVENTAIRE SOMMAIRE

DES

DÉPÊCHES

DES AMBASSADEURS VÉNITIENS

RELATIVES A LA FRANCE

DÉPOSÉES AU DÉPARTEMENT DES MANUSCRITS
DE LA BIBLIOTHÈQUE NATIONALE

Par Gaston RAYNAUD

PARIS

Alphonse PICARD, Libraire-Éditeur
Rue Bonaparte, 82

—

M. D. CCC. LXXVIII

Inventaire

des

documents

vénitiens

—

DÉPÈCHES

DES AMBASSADEURS VÉNITIENS

RELATIVES A LA FRANCE

Extrait du *Cabinet historique*

Tome XXIV.

Tiré à trente exemplaires, dont cinq sur papier vergé.

ÉPERNAY. — Typ. de Bonnedame et Fils, éditeurs du Cabinet historique.

INVENTAIRE SOMMAIRE

DES

DÉPÊCHES

DES AMBASSADEURS VÉNITIENS

RELATIVES A LA FRANCE

DÉPOSÉES AU DÉPARTEMENT DES MANUSCRITS
DE LA BIBLIOTHÈQUE NATIONALE

Par Gaston RAYNAUD

PARIS

Alphonse PICARD, Libraire-Éditeur
Rue Bonaparte, 82

—

M. D. CCC. LXXVIII

INVENTAIRE SOMMAIRE

DES

DÉPÊCHES

DES AMBASSADEURS VÉNITIENS

RELATIVES A LA FRANCE

DÉPOSÉES AU DÉPARTEMENT DES MANUSCRITS
DE LA BIBLIOTHÈQUE NATIONALE

Parmi les documents diplomatiques conservés aux Archives de Venise, il n'en est pas de plus importants que les *Dépêches (Dispacci)*, adressées à la Sérénissime République par ses ambassadeurs ou résidents, accrédités auprès des diverses puissances. Ces *dépêches*, envoyées d'ordinaire chaque semaine au Doge et au Sénat, informent minutieusement le gouvernement de Venise de tout ce qui se passe d'intéressant dans les cours étrangères ; les moindres actions des princes y sont relatées, les intentions des ministres y sont discutées ; les faits les plus insignifiants en apparence y sont commentés et appréciés avec la plus entière franchise ; ces documents nous font voir en un mot, qu'on nous pardonne cette expression, le *dessous des cartes* de la politique européenne à l'époque où ils sont écrits (1).

On comprend donc de quelle utilité pour l'histoire
d'un pays peuvent être ces dépêches ; et quand, en 1863,
M. le comte de Walewski, alors ministre d'État, chargea
MM. de Mas Latrie et A. Baschet de publier un *choix* de
dépêches relatives à la France, cette nouvelle fut certainement accueillie avec faveur par tout le monde savant. Mais la publication traîna en longueur, et l'on
reconnut qu'il serait peut-être préférable de posséder la
collection *intégrale* des 21 117 (2) dépêches vénitiennes,
intéressant la France ; on fournirait ainsi d'amples matériaux à tous ceux qui s'occupent de notre histoire
nationale. Dans le courant de juillet 1876, les copies
de M. de Mas Latrie furent donc déposées par les soins
de M. Léopold Delisle au département des manuscrits
de la Bibliothèque nationale, où elles prendront rang
plus tard parmi les volumes italiens ; un nouvel envoi de
M. de Mas Latrie, et les copies faites par M. A. Baschet
en vue de la publication ministérielle, vinrent bientôt
compléter ce premier fonds.

Ce sont ces dépêches dont nous donnons ici l'inventaire ; tel qu'il est, cet inventaire est loin d'être complet,
et la Bibliothèque nationale ne possède pas encore les
268 liasses ou *filze* qui composent la série des dépêches
françaises émanant des ambassadeurs vénitiens. Il se
passera encore quelque temps avant que l'on n'ait la
suite non interrompue de ces documents, qui vont du mi-

(1) On consultera avec fruit sur les Archives de Venise, leur
histoire et leur organisation, l'excellent livre de M. A. Baschet,
Histoire de la Chancellerie secrète, 1870, in-8°.

(2) Cf. le *Mémoire adressé à M. le ministre de l'Instruction
publique sur le Recueil original des dépêches des Ambassadeurs
Vénitiens*, par M. A. Baschet, nov. 1877, in-8°. (Extrait des *Arch.
des miss.*)

lieu du xvi⁰ siècle à la fin du xviii⁰. Nous croyons toute-
fois, malgré ces *desiderata*, que le présent inventaire ne
sera pas sans utilité, au moins jusqu'au jour prochain
où, les copies que l'on continue activement suivant les
instructions de M. l'Administrateur général seront com-
plètement achevées (1); il nous sera alors permis de
mettre sous les yeux du lecteur la série continue de cette
belle collection à laquelle on pourra joindre d'autres
documents diplomatiques, tels que les *Deliberazioni*, les
Esposizioni Principi, etc., qui, eux aussi, ont leur impor-
tance historique.

I. — REGISTRI

La série complète des *Dispacci* ne commence régulièrement
qu'en 1551 avec les *Filze*; avant cette date, l'on n'a que quelques
ambassades, contenues soit dans ces trois *registres*, soit dans les
Lettres adressées aux Chefs du Conseil des Dix; cette dernière
série est encore à copier.

1	3 sept. 1530 — 5 déc. 1532	Giovanni Antonio Venior, Gio-vanni Pisani, Sebastiano Giustinian, Marino Gius-tinian.
2	13 nov. 1540 — 10 juil. 1542	Matteo Dandolo, Giovani An-tonio Venier.
3	8 déc. 1546 — 22 mars 1549	Francesco Giustinian.

(1) Plusieurs *filze* mentionnées dans cet inventaire sont entrées
tout dernièrement à la Bibliothèque nationale, qui les a fait
copier à ses frais.

II. — FILZE

Nous conservons aux *filze* ou liasses de dépêches la numérotation qu'elles ont à Venise, en les faisant suivre des noms des Ambassadeurs qui ont écrit les dépêches.

Certaines *filze* ne sont pas tout à fait complètes ; nous les mentionnons cependant, car nous espérons que d'ici à peu elles seront mises en état.

1	11 mai 1554 — 18 févr. 1557	Giovani Capello. Febo Capello, *secro*, Giacomo Soranzo.
2	1er mars 1557 — 28 févr. 1558	Giacomo Soranzo, Giovanni Michieli.
3	8 mars 1558 — 30 déc. 1559	Giovanni Michieli.
4	3 mars 1560 — 27 févr. 1563	Giovanni Michieli, Nicolo da Ponte, Bernardo Navagiero, Michele Surian, Marc Antonio Barbaro, Giacomo Surian.
5	2 mars 1563 — 18 févr. 1566	Marc Antonio Barbaro, Giacomo Surian.
6	15 mars 1566 — 23 févr. 1569	Giacomo Surian, Giovanni Correr.
7	4 mars 1569 — 21 févr. 1572	Giovanni Correr, Alvise Contarini, Sigismondo Cavalli.
...	....	....
9	1er mars 1575 — 21 fév. 1577	Giovanni Francesco Morosini
...	....	....
11	10 mars 1579 — 24 févr. 1581	Girolamo Lippomano, Lorenzo Priuli.
12	2 mars 1581 — 19 févr. 1583	Lorenzo Priuli, Giovanni Moro.
...	....	....
15	3 mars 1586 — 27 févr. 1587	Giovanni Dolfin.
...	....	....
18	1 août 1589 — .. févr. 1590	Giovanni Mocenigo.
19	2 mars 1590 — 19 févr. 1591	id.
20	3 mars 1591 — 30 déc. 1591	id.
21	1er janv. 1592 — 4 févr. 1593	id.
22	1er mai 1593 — 27 févr. 1594	id.

23	7 mars 1591 — 28 févr. 1595	Giovanni Mocenigo, Pietro Duodo, Vincenzo Gradenigo, Giovanni Dolfin.
24	4 mars 1595 — 17 févr. 1596	Pietro Duodo.
25	11 mars 1596 — 22 févr. 1597	id.
26	1er mars 1597 — 28 févr. 1598	Pietro Duodo, Francesco Contarini.
27	10 mars 1598 — 21 févr. 1599	Francesco Contarini.
28	7 mai 1599 — 27 févr. 1600	Francesco Contarini, Francesco Vendramin.
29	5 mars 1600 — 20 févr. 1601	Francesco Vendramin, Francesco Contarini, Marino Cavalli.
30	3 mars 1601 — 19 févr. 1602	Marino Cavalli, Giovanni Dolfin, Antonio Priuli, G. Battista Patavin, *secro*.
31	4 mars 1602 — 17 févr. 1603	Marino Cavalli.
32	3 mars 1603 — 17 févr. 1604	Marino Cavalli, Angelo Badoer.
33	2 mars 1604 — 15 févr. 1605	Angelo Badoer.
34	1er mars 1605 — 28 févr. 1606	Angelo Badoer, Pietro Priuli.
35	14 mars 1606 — 30 sept. 1606	Pietro Priuli.
36	10 oct. 1606 — 20 févr. 1607	Pietro Priuli, G. Battista Patavin, *secro*.
37	1er mars 1607 — 29 août 1607	Pietro Priuli.
38	12 sept. 1607 — 29 févr. 1608	Pietro Priuli, Antonio Foscarini.
39	12 mars 1608 — 21 févr 1609	Antonio Foscarini, Francesco Moresini.
40	10 mars 1609 — 28 févr. 1610	Antonio Foscarini.
41	4 mars 1610 — 30 août 1610	id.
42	2 sept. 1610 — 25 févr. 1611	id.
43	2 mars 1611 — 21 févr. 1612	Antonio Foscarini, Zorzi Giustinian.
44	6 mars 1612 — 19 févr. 1613	Zorzi Giustinian.
45	5 mars 1613 — 18 févr. 1614	Zorzi Guistinian, Piero Contarini.
. . .	. . . .	. . . .
56	6 sept. 1621 — .. févr. 1622	Girolamo Priuli, Giovanni Pesaro.
. . .	. . . .	. . . .
99	3 mars 1613 — 23 févr. 1614	Gerolimo Giustinian.

100	8 oct. 1643 — 15 févr. 1644	Angelo Contarini, Giovanni Grimani.
101	1er mars 1644 — 28 févr. 1645	Gerolimo Giustinian, Giovanni Battista Nani.
102	7 mars 1645 — 20 sept. 1645	Giovanni Battista Nani.
103	3 oct. 1645 — 27 févr. 1646	id.
104	8 mars 1646 — 28 août 1646	id.
105	4 sept. 1646 — 24 févr. 1647	id.
106	5 mars 1647 — 26 nov. 1647	id.
107	3 déc. 1647 — 23 juin 1648	Giovanni Battista Nani, Michiel Moresini.
108	21 avril 1648 — 26 févr. 1649	Michiel Moresini.
109	5 mars 1649 — 31 août 1649	id.
110	7 sept. 1649 — 22 févr. 1650	id.
111	1er mars 1650 — 29 août 1650	id.
112	7 sept. 1650 — 28 févr. 1651	id.
113	7 mars 1651 — 26 sept. 1651	id.
114	3 oct. 1651 — 23 juil. 1652	id.
115	31 mai 1652 — 25 févr. 1653	Giovanni Sagredo.
116	4 mars 1653 — 24 févr. 1654	id.
117	3 mars 1654 — 16 févr. 1655	id.
118	2 mars 1655 — 29 févr. 1656	Giovanni Sagredo, Francesco Giustinian.
119	7 mars 1656 — 27 févr. 1657	Francesco Giustinian.
120	6 mars 1657 — 26 févr. 1658	id.
121	5 mars 1658 — 25 févr. 1659	id.
122	4 mars 1659 — 7 janv. 1660	id.
123	5 août 1659 — 15 juin 1660	Giovanni Francesco Marchesini, *secro*.
124	5 août 1659 — 25 févr. 1660	Giovanni Battista Nani.
125	2 mars 1660 — 17 août 1660	id.
126	19 avril 1660 — 22 févr. 1661	Alvise Grimani.
127	11 mars 1661 — 30 août 1661	id.
128	6 sept. 1661 — 28 févr. 1662	id.
129	7 mars 1662 — 31 août 1662	id.
130	1er sept. 1662 — 27 févr. 1663	id.
131	6 mars 1663 — 20 juil. 1663	id.
132	2 déc. 1662 — 28 août 1663	Alvise Sagredo.
133	4 sept. 1663 — 1er févr. 1664	id.
134	5 févr. 1664 — 29 août 1664	id.
135	9 sept. 1664 — 2 janv. 1665	id.
136	6 mars 1665 — 25 août 1665	id.
137	1er sept. 1665 — 24 nov. 1665	id.

138	16 oct. 1665 — 29 juin 1666	Marc Antonio Giustinian.
139	6 juil. 1666 — 22 févr. 1667	id.
140	1er mars 1667 — 30 août 1667	id.
141	6 sept. 1667 — 28 févr. 1668	id.
142	6 mars 1668 — 7 août 1668	id.
143	11 août 1668 — 20 nov. 1668	Marc Antonio Giustinian, Giovanni Moresini.
143 *bis*	15 sept. 1668 — 29 janv. 1669	Ferigo Marin, *secr*.
144	25 déc. 1668 — 12 juin 1669	Giovanni Moresini.
145	3 juil. 1669 — 26 févr. 1670	id.
146	5 mars 1670 — 27 août 1670	id.
147	3 sept. 1670 — 25 févr. 1671	id.
148	4 mars 1671 — 24 juin 1671	id.
149	17 avril 1671 — 8 mai 1672	Francesco Michieli.
150	9 mai 1672 — 2 nov. 1672	id.
151	9 nov. 1672 — 22 févr. 1673	id.
152	1er mars 1673 — 28 août 1673	id.
153	2 sept. 1673 — 25 mars 1674	id.
154	21 juin 1673 — 13 déc. 1673	Francesco Michieli, Ascanio Giustinian.
154 *bis*	20 déc. 1673 — 28 févr. 1674	Ascanio Giustinian.
155	7 mars 1674 — 29 août 1674	id.
156	5 sept. 1674 — 27 févr. 1675	id.
157	6 mars 1675 — 21 août 1675	id.
158	28 août 1675 — 26 févr. 1676	id.
159	4 mars 1676 — 22 juil. 1676	id.
160	29 mars 1676 — 26 mai 1677	Domenico Contarini.
161	2 juin 1677 — *(la fin manque)*	id.
162	2 mars 1678 — *(id.)*	id.
163	1er sept. 1678 — *(id.)*	id.
…	……………………	……………………
201	4 mai 1703 — 7 déc. 1703	Lorenzo Tiepolo.
202	14 avril 1704 — 27 avril 1705	id.
203	1er mai 1705 — 28 mai 1706	id.
204	4 juin 1706 — 29 sept. 1707	id.
205	6 oct. 1707 — 27 avril 1708	Lorenzo Tiepolo, Alvise Mocenigo.
206	22 déc. 1707 — 16 avril 1709	Alvise Mocenigo.
…	……………………	……………………
208	4 oct. 1709 — 14 avril 1710	Alvise Mocenigo.
…	……………………	……………………
210	7 sept. 1711 — 1er août 1712	Giovanni Emo, *nobile*.

210 *bis*	21 oct. 1720 — 8 janv. 1722	Giov. Maria Vincenti, *secr°*.
210 *ter*	20 janv. 1722 — 21 mars 1725	id.
211	13 juin 1722 — 23 oct. 1722	Lorenzo Tiepolo, Nicolo Foscarini.
212	18 déc. 1722 — 4 févr. 1723	Barbon Morosini.
...	....	....
244	31 août 1755 — 23 mai 1756	Giovanni Al. Mocenigo.
245	25 mars 1756 — 13 nov. 1757	Nicolo Erizzo.
...	....	....
248	21 avril 1760 — 8 févr. 1762	Nicolo Erizzo, D. Almoro Tiepolo.
249	15 févr. 1762 — 3 nov. 1764	D. Almoro Tiepolo, Bartol. Gradenigo, Giovanni Fontana, *secr°*.
250	25 mai 1764 — 22 sept. 1766	D. Almaro Tiepolo, Bartol. Gradenigo.
251	6 oct. 1766 — 12 sept. 1768	Bart. Gradenigo, Alvise Mocenigo.
252	19 sept. 1768 — 25 févr. 1771	Bart. Gradenigo, Alvise Mocenigo.
253	1 mars 1771 — 9 nov. 1772	Alvise Mocenigo.
254	10 mai 1771 — 25 déc. 1771	id.
255	2 janv. 1775 — 30 mai 1776	id.
256	27 mai 1776 — 2 déc. 1776	id.
...	....	....
258	1er mars 1779 — 11 déc. 1780	Marco Zeno, Daniel Dolfin.
259	15 sept. 1780 — 21 juin 1782	id. id.
260	1er juil. 1782 — 29 mars 1784	Daniel Dolfin.
261	5 avril 1784 — 19 déc. 1785	id.
262	2 janv. 1786 — 30 juin 1788	Daniel Dolfin, Antonio Capello.
...	....	....

SUPPLÉMENT

Depuis que nous avons publié l'*Inventaire sommaire des dépêches des ambassadeurs vénitiens relatives à la France,* la Bibliothèque nationale a reçu de nouvelles dépêches qui sont venues augmenter sa collection. Nous en donnons la liste, et nous nous réservons de nous tenir ainsi au courant jusqu'au complet achèvement des copies.   G. R.

8	6 avril 1573 — 26 févr. 1575	Sigismondo Cavalli, Giov. Fr. Morosini.
...	....	....
10	4 mars 1577 — 27 févr. 1579	Giov. Fr. Morosini, Girol. Lippomano.
...	....	....
13	10 mars 1583 — 28 févr. 1585	Giovanni Moro, Giovanni Dolfin.
14	16 mars 1585 — 28 févr. 1586	Giovanni Dolfin.
...	....	....
16	2 mars 1587 — 17 déc. 1587	Giovanni Dolfin.
17	11 mars 1558 — 28 févr. 1589	Giovanni Mocenigo.
...	....	....
36*bis*	10 févr. 1607 — 11 mai 1607.	Giov. Batt. Patavin, *resid. in Lorena.*
...	....	....
46	2 mars 1614 — 25 févr. 1615	Pietro Contarini.
47	3 mars 1615 — 16 févr. 1616	id.
48	1er mars 1616 — 30 août 1616	Pietro Contarini, Ottaviano Bon.

49	2 sept. 1616 — 28 févr. 1617	Ottav. Bon, Vincenzo Gussoni.
50	7 mars 1617 — 26 févr. 1618	Ott. Bon, Vinc. Gussoni. Simon Contarini.
51	4 mars 1618 — 25 févr. 1619	Angelo Contarini.
52	9 mars 1619 — 18 févr. 1620	id.
53	3 mars 1620 — 29 sept. 1620	id.
54	30 sept. 1620 — 6 févr. 1621	Angelo Contarini, Girolamo Priuli.
55	2 mars 1621 — 3 août 1621	id. id.
...	....	....
57	1er mars 1622 — 28 oct. 1622	Giovanni Pesaro.
58	1er nov. 1622 — 28 févr. 1623	id.
59	1er mars 1623 — 27 juill. 1623	id.
60	3 août 1623 — 21 févr. 1624	id.
61	1er mars 1624 — 15 juill. 1624	id.
62	19 juill. 1624 — 23 févr. 1625	Marc Antonio Morosini.
63	3 mars 1625 — 31 août 1625	id.
64	12 sept. 1625 — 23 fév. 1626	Marc Ant. Morosini, S. Contarini.
65	3 mars 1626 — 28 août 1626	Simon Contarini.
66	4 sept. 1626 — 26 févr. 1627	Simon Contarini, Zorzi Zorzi
67	4 sept. 1627 — 30 août 1627	Zorzi Zorzi.
68	3 sept. 1627 — 28 févr. 1628	id.
69	2 mars 1628 — 28 août 1628	id.
70	1er sept. 1628 — 25 févr. 1629	id.
71	12 mars 1629 — 31 août 1629	Zorzi Zorgi, Girolamo Soranzo, Alv. Contarini.
72	9 sept. 1629 — 30 déc. 1629	id. id. id.
73	5 janv. 1630 — 1er juin 1630	Girolamo Sorango.
74	3 juill. 1630 — 30 déc. 1630	id.
75	26 nov. 1629 — 15 févr. 1631	Girol. Cavazza, Gio. Domenico Battisti, *residenti*.

31 décembre 1879.

9 782329 649474